Socialistes et Juifs

LA NOUVELLE INTERNATIONALE

PAR

A. de BOISANDRÉ

PRIX

20

CENTIMES

PRIX

20

CENTIMES

LIBRAIRIE ANTISÉMITE

45, Rue Vivienne, 45

—

PARIS

II

Socialistes et Juifs

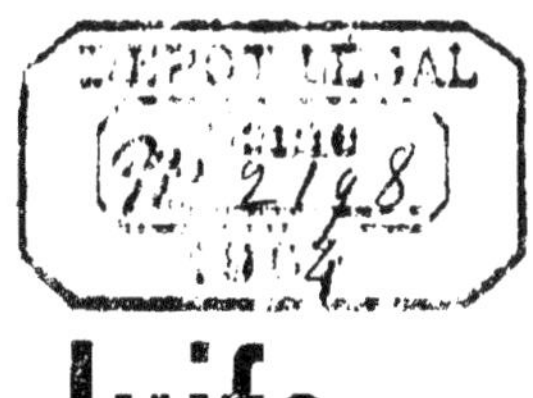

LA NOUVELLE INTERNATIONALE

PAR

A. de BOISANDRÉ

PRIX : 20 CENTIMES

PARIS

LIBRAIRIE ANTISÉMITE

45, Rue Vivienne, 45

1903

— Che suis drès gondent te la vaçon tont fus brésitez
la Champre : fus fientrez temain palayer la mienne.

AVANT-PROPOS

Je dois avant tout adresser mes bien vifs et bien sincères remerciements aux amis connus et inconnus qui ont bien voulu m'aider à répandre le premier fascicule de ces petites études sociales. Grâce à eux, près de soixante mille exemplaires de l'Etat-Major socialiste ont été vendus ou distribués dans l'espace d'un mois à peine, et j'ose espérer qu'il en résultera quelque bien.

Quant à cette nouvelle étude, elle n'est que le complément naturel et logique de la première. Après avoir peint ad vivum *les meneurs du mouvement socialiste et montré, par des faits, ce qu'il fallait penser au juste de leur légende d'apôtres, je prouve que le parti socialiste ou, tout au moins, la fraction la plus nombreuse et la plus puissante du parti socialiste, n'a plus rien à l'heure actuelle d'un parti indépendant et autonome; j'établis que, depuis plusieurs années, les Jaurès, les Millerand et consorts ont mis leur influence, leur talent d'orateur, leurs journaux et, d'une façon générale, toutes les forces et toutes les ressources du parti qu'ils dirigent au service de la juiverie internationale.*

Et je saisis l'occasion d'affirmer ici que je n'avance rien que je ne sois en état de prouver.

Il m'est revenu que des ouvriers ayant lu dans l'Etat-Major socialiste que le baron Millerand était un capitaliste assez sérieux pour posséder quatre immeubles de rapport dans Paris, essayaient de douter encore et disaient : — « Il faudrait nous dire où ils se trouvent, ces immeubles ! »

Ma réponse à cette objection sera des plus simples.

Un Bottin spécialement consacré aux châteaux, maisons de rapport, fermes, métairies, chasses et propriétés de toute nature de messieurs les socialistes, offrirait, j'en suis convaincu, un très vif intérêt, et je ne dis pas que je n'entreprendrai point un jour une publication de cette nature.

Mais, chaque chose en son temps.

Pour ce qui concerne ces brochures, ou bien j'y dis la vérité, ou bien je mens. Si je mens, je diffame. Or la diffamation est punie par les tribunaux.

Si j'ai diffamé MM. Millerand, Jaurès et Cie, que ces messieurs me poursuivent devant une juridiction où la preuve est admise.

Je les en mets au défi...

SOCIALISTES ET JUIFS

Le Juif corrupteur. — Les socialistes sont enjuivés de naissance. — Lassalle et Karl Marx. —
Singer et ses ouvrières. — Le ghetto socialiste de
New-York. — Journaux socialistes imprimés en
jargon juif. — Les chefs d'industrie et les agioteurs de la Bourse. — Deux types : Ménier et
Rothschild. — Nourrisseurs d'hommes et nourrisseurs de faisans. — Silence des socialistes sur
les Juifs. — Une brochure de la citoyenne Sorgue.
— Les « Rois Mages » et le « Socialisme enfant ».
— A qui M. Jaurès demande de l'argent. — Presse
socialiste et... soumise. — Liebknecht et l'affaire
Dreyfus. — Truc et réclame. — Le mystérieux
chef d'orchestre. — Ce qui se serait produit si
l' « Affaire » s'était passée en Allemagne. — Le
socialisme prisonnier des Juifs.

Quand on s'est bien indigné contre les pali-
nodies socialistes, on cherche à se les expliquer, on s'efforce d'en découvrir les causes.

Ces causes sont peu compliquées.

Il est arrivé au parti socialiste exactement
ce qui est arrivé à tous les partis qui ont évolué

en France depuis que la République est fondée.

Les « ancêtres », ceux qui étaient républicains sous l'Empire, s'emparèrent du pouvoir, conduits par les Gambetta et les Jules Ferry. On les a appelés les opportunistes.

Les opportunistes n'étaient pas plus malhonnêtes que d'autres. Il est même probable qu'ils étaient sincères, à l'origine, quand ils tonnaient contre les corruptions de l'Empire, quand ils juraient de fonder un régime basé sur la probité, sur l'honneur et sur la vertu.

Le tort qu'eurent les opportunistes fut de laisser s'introduire dans leurs rangs une bande de Juifs qui ne tardèrent pas a les pourrir. La hideuse tribu des Reinach ayant réussi à se glisser dans l'entourage de Gambetta, il en résulta que quelques années après les noms des meilleurs amis du tribun furent retrouvés sur les listes de participation et sur les talons de chèque du Panama.

Pour le radicalisme, qui ne fut d'ailleurs qu'une surenchère assez insignifiante de l'opportunisme, les mêmes causes produisirent les mêmes effets. La seule différence fut qu'ici la corruption, au lieu de s'appeler Reinach, s'appela Cornélius Herz.

Et les socialistes, à leur tour, ont passé par les mêmes phases successives que les opportunistes et les radicaux.

Tant qu'ils ne disposèrent que de peu d'influence, tant qu'ils ne comptèrent dans les municipalités et à la Chambre que de rares représentants, ils furent honnêtes, sans y avoir grand mérite, il est vrai, et un peu à la façon des filles qui restent sages, parce qu'elles n'ont pas suffisamment d'attraits pour qu'on les courtise.

Le jour où le socialisme prit rang parmi les grands partis politiques, le jour où le socialisme fut à même d'exercer une action considérable à la fois dans le parlement et dans le pays, le socialisme trouva dans sa voie les pouvoirs d'argent tentateurs.

Les Juifs dirent à ces hommes qui parlaient de transformer la propriété et de faire la Révolution :

— Transformez la propriété, si vous voulez, mais transformez-la à notre profit ; faites la Révolution, si cela vous amuse, mais faites-la pour nous. Si vous acceptez ce pacte, notre concours vous est acquis, et vous serez bientôt les maîtres de la France...

Les chefs du mouvement socialiste, qui ne sont point des ascètes, comme le proclame M. Jaurès lui-même, n'eurent pas assez de vertu pour résister ; ils furent éblouis, ils signèrent le pacte.

****

S'allier aux Juifs, s'inféoder aux Juifs n'avait d'ailleurs rien qui pût leur déplaire. Enjuivés, ils l'étaient déjà de par leurs origines, puisque les deux grands ancêtres dont ils se réclament, Ferdinand Lassalle et Karl Marx, étaient l'un et l'autre Juifs allemands. De plus, il est à la connaissance de tout le monde que le socialisme français est plein de Juifs ou de demi-Juifs comme Millerand.

Il en est de même dans tous les pays, en Allemagne par exemple, où l'un des principaux chefs des Social-Demokrat est le Juif archi-millionnaire Singer, l'un des plus féroces exploiteurs de chair humaine qui soit au monde, celui-là même qui répondait à quelqu'un qui lui reprochait de payer à ses ouvrières des salaires dérisoires :

— De quoi se plaignent-elles ? A l'heure où elles sortent de chez moi, il y a encore des hommes dans les rues !...

En Amérique, le socialisme recrute — de l'aveu même de la *Petite République* — ses adhérents les plus nombreux parmi les 500.000 Juifs de New-York (1). Ces socialistes juifs américains forment une fraction si considérable du parti qu'on est obligé de publier à leur intention des journaux spéciaux tels que le *Volts-zeitung*, rédigés en patois judische, en jargon juif.

On voit par là que nul parti n'était mieux préparé que le parti socialiste à subir la direction juive.

Il y a très longtemps que cette inféodation du socialisme aux Juifs existe, mais il n'y a pas très longtemps qu'elle est apparente.

****

On aurait dû, cependant, se douter de quel-

---

(1) Je prends le chiffre donné par la *Petite République*. Mais il y a en réalité près de 600.000 Juifs dans la seule ville de New-York.

que chose, lorsqu'on entendait des leaders socialistes comme Jaurès répéter sur tous les tons :

— Il n'y a pas de question juive !

Pour démontrer comme quoi il n'y avait pas de question juive, M. Jaurès et ses amis expliquaient que l'Antisémitisme n'était qu'une diversion ingénieuse trouvée par le capital chrétien pour détourner toutes les colères du prolétariat sur le capital juif.

« — Nous, citoyens, ajoutaient M. Jaurès et ses amis, nous ne distinguons pas entre le capital juif et le capital chrétien. Le même jour et par la même loi d'expropriation, le prolétariat souverain les socialisera l'un et l'autre au profit de la nation et des producteurs. »

Grâce à ce *bluff*, les socialistes réussirent merveilleusement à duper les travailleurs naïfs, en même temps qu'ils s'attiraient les sourires et les bonnes grâces des Juifs millionnaires. Et l'on vit des années durant ce spectacle étrange d'un parti se disant le parti de la Révolution sociale, qui faisait une guerre implacable aux patrons, aux chefs d'industrie, mais qui ne disait jamais un mot des grands voleurs de la

Bourse ; d'un parti qui traitait d'exploiteurs, d'affameurs, de négriers, les Schneider, les Motte ou les Rességuier, mais qui se terrait, qui se prosternait comme devant le saint des saints, dès que l'on prononçait le nom de Rothschild !

Si riches que soient les Schneider et autres grands patrons, que signifient, cependant, leur fortune, les quelques dizaines de millions qu'ils peuvent posséder, mis en regard de la fortune des Rothschild qui s'élève — c'est le *Signal*, journal protestant, qui nous l'a révélé — au chiffre formidable, monstrueux, provocateur de DIX MILLIARDS ?

Que signifient les 500 millions possédés — au dire de M. Waldeck-Rousseau — par les 200.000 congréganistes français que l'on dépouille aujourd'hui, si on les compare aux DIX MILLIARDS qui permettent à une seule famille de Juifs allemands d'être maîtresse chez nous, d'acheter non seulement des ministres et des majorités parlementaires, mais des partis tout entiers ?

Et le cas des Rothschild n'est pas isolé. Le baron Hirsch, mort il y a quelques années, a laissé une fortune estimée — pour la France seulement et par l'Enregistrement — à plus de 800 millions.

Les Juifs qui sont arrivés chez nous en haillons et qui possèdent aujourd'hui des centaines de millions prélevés sur notre épargne sont légion : les Ephrussi, les Dreyfus, les Stern, les Camondo, les Obœrndœffer, les Herz, les Reinach, les Cahen d'Anvers ou d'ailleurs... Tout le monde connaît ces noms sinistres qui ont retenti lugubrement dans tous les coups de bourse, aux heures de panique, de ruine et de misère.

Derrière ces grands féodaux de l'Argent s'avancent de nouvelles générations de Juifs déjà millionnaires.

Le Juif Cattauï, pour prendre un exemple, était absolument inconnu avant l'affaire Humbert grâce à laquelle son nom nous a été révélé. Or, ce Cattauï — chevalier de la Légion d'honneur et client de M. Vallé, ministre de la Justice — possède plus de cinquante millions. Et M. le substitut Legouvé, qui nous a donné ce détail, a ajouté que ces cinquante millions avaient été raflés à notre épargne au moyen de la constitution de sociétés véreuses.

Entre ces mercantis, ces écumeurs de Bourse, et le patron d'industrie, quelque dur, quelqu'égoïste, quelqu'avide qu'il puisse être, il y a, il faut en convenir, une rude marge.

Les socialistes auront beau dire que les Schneider, les Reille ou les Motte sont des exploiteurs qui s'engraissent avec la sueur de leurs ouvriers. Il n'en est pas moins vrai que les Schneider, les Reille et les Motte font vivre ces ouvriers. Il les font vivre plus ou moins bien — les socialistes disent : plus ou moins mal, — c'est possible, mais enfin ils leur font manger du pain.

Et la preuve en est que si quelqu'une de ces grandes usines venait à disparaître du jour au lendemain, dévorée par un incendie, par exemple, des milliers de malheureux se trouveraient réduits avec leurs femmes et leurs enfants à la plus atroce misère.

D'autre part, ces grands usiniers tant maudits par les socialistes, sont des producteurs. Schneider produit des canons et des machines en acier, les Reille extraient du charbon, Motte fabrique des tissus. Les uns et les autres sont une source d'enrichissément pour le commerce français.

Qu'est-ce que produisent les Juifs, les grands banquiers cosmopolites, les hauts voleurs de la Bourse? Qu'ils nous montrent donc les échantillons de leur fabrication !

***

Prenons un exemple, pour nous faire mieux comprendre.

Tout le monde connaît Ménier, le célèbre chocolatier. L'un des Ménier est député du « Bloc », il promène Waldeck-Rousseau dans son yacht, il invite le baron Millerand à ses chasses où un petit chemin de fer créé spécialement à cette intention vient prendre les tireurs après chaque battue pour leur éviter toute fatigue. C'est donc pour nous un adversaire politique dans toute la force du terme.

Choisissons-le comme type du grand patron, du chef d'industrie.

Opposons-lui, si vous le voulez bien, comme spécimen des grands financiers, des puissants

agioteurs cosmopolites, Rothschild lui-même,
l'homme aux 10 milliards.

Examinons-les l'un après l'autre, chacun
chez soi; c'est facile, puisque Noisiel est situé
justement dans le voisinage de Ferrières.

A Noisiel, vous trouverez, tout près des
usines et non loin du château du patron, tout
un village ouvrier formé d'une agglomération
de maisons propres, claires et gaies. Chaque
famille dispose d'un coin de terrain converti en
jardin qu'elle cultive aux heures de loisir. Vous
verrez également des écoles spacieuses et bien
aérées. Tout près de la route, dont elle n'est
séparée que par de vastes jardins, s'élève une
maison de retraites pour les vieux travailleurs.

On peut juger détestable l'attitude politique
des Ménier, n'avoir que mépris pour ces multi-
millionnaires qui, sans y être poussés par la né-
cessité, se font les adulateurs et les courtisans
des Waldeck et des Millerand. On n'en est pas
moins obligé de constater que les Ménier sont
les représentants d'une industrie utile et qu'ils
font quelque chose pour leurs ouvriers.

Je sais bien ce qu'on peut objecter :

En fondant des écoles, des maisons de retraite, etc., les Ménier, comme tous les grands patrons, ne travaillent pas pour leurs ouvriers, mais bien pour eux-mêmes. Ces fondations pseudo-philanthropiques ne sont en réalité que des assurances contre la grève. Et ces villages ouvriers, ces coins de jardins que votre naïveté attribue à la générosité patronale, savez-vous à quoi ils servent ?

A fixer la main-d'œuvre, à assurer aux patrons des générations de travailleurs. Les Ménier, comme les autres grands féodaux de l'industrie, ont trouvé moyen, sous couleur d'hypocrites libéralités, de ressusciter à leur profit le village de serfs du moyen âge...

Serfs tant qu'on voudra ; mais, du moins, les serfs de Noisiel, de même que les serfs du Creusot et d'ailleurs sont des serfs qui vivent, des serfs qui mangent. Et s'ils vivent et s'ils mangent, ce n'est évidemment que grâce aux salaires qu'ils gagnent en travaillant.

Il faut donc bien reconnaître que ceux qui leur donnent du travail servent à quelque chose.

A quoi sert le grand financier, le haut banquier juif, l'agioteur cosmopolite ?

*
* *

Venez avec moi à Ferrières, parcourons ensemble les domaines du baron Alphonse de Rothschild, mais surtout restons sur la route et ne nous avisons point de pénétrer dans les champs ou dans les bois. Autrement, nous risquerions d'être pris pour des braconniers et de recevoir quelques chevrotines dans le corps, comme cela arriva à un pauvre paysan nommé Mazille Cahon qui fut tué, il y a quelques années, dans la forêt du Lys, par les gardes d'un autre Rothschild, neveu de celui-ci.

A Ferrières, vous ne trouverez ni usines, ni ateliers, ni écoles, ni maisons de retraités, ni village ouvrier. Des maisons de gardes et des boîtes pour nourrir des faisans, voilà tout ce qui pousse sur les immenses domaines du baron !

C'est en cela précisément que consiste la différence que les socialistes ne veulent pas voir — parce qu'ils sont aveugles volontaires — la différence entre le chef d'industrie et l'agioteur.

Le chef d'industrie fait vivre des hommes ;

L'agioteur fait vivre des faisans ;

Le chef d'industrie fait travailler des centaines ou des milliers d'ouvriers, et il donne à ces ouvriers un salaire en échange de leur travail ;

L'agioteur ne fait travailler que quelques coulissiers, la plupart Juifs ou étrangers, auxquels il donne ses ordres de bourse ;

Le chef d'industrie produit des objets de consommation qu'il livre au commerce, et, par conséquent, il est une source de richesses pour un pays ;

L'agioteur ne produit que des coups de bourse, et il ne peut être, par conséquent, pour un pays, qu'une cause de ruine et de misère.

Cependant, les socialistes à la Jaurès et à la Millerand n'en veulent qu'au chef d'industrie, au patron, à l'employeur d'ouvriers, qui, par cela même qu'il est un donneur de travail, accomplit une œuvre utile. Ils laissent complètement de côté l'agioteur, l'homme de Bourse, qui est un être éminemment stérile et malfaisant, qui ne donne de travail à personne, qui ne fait aucun bien à qui que ce soit, mais qui, par un seul télégramme, par un seul coup de téléphone, peut provoquer un *krach*, c'est-à-dire susciter un hausse ou une baisse subite et sans raison, non seulement sur des valeurs ou des titres, mais sur des denrées commerciales de toute nature (blé, farine, charbon, pétrole, café, métaux, etc., etc.), et, par suite, causer d'irréparables désastres.

Or, lorsque nous parlons des méfaits de ces écumeurs et de ces bandits de la Haute-Banque, les socialistes déclarent que nous ne sommes que des réactionnaires déguisés, des cléricaux qui essaient de créer une diversion. M. Jaurès pontifie :

« — Il n'y a pas de question juive !... »

*
* * *

Si les socialistes, tenant ce raisonnement, étaient sincères, il faudrait en conclure que les socialistes sont de parfaits imbéciles, d'irréductibles crétins.

Mais cela n'est pas.

Et si nous voulons savoir pourquoi les socialistes à la Millerand et à la Jaurès nient avec cette opiniâtreté la question juive, il nous suffira d'écouter les déclarations d'autres socialistes qui les connaissent bien qui ont été leurs collaborateurs, qui les ont vus à l'œuvre.

Ouvrons une petite brochure intitulée *Socialisme ministériel*, et signée d'une militante du socialisme, la citoyenne Sorgue. Nous y lisons à la page 5 :

En combattant les combats du dreyfusisme sous le drapeau rouge, et l'on sait avec quelle vaillance ! Jaurès et ses amis amenèrent un rapprochement singulier entre les deux camps les plus opposés et les plus irréconciliables par nature, celui du Travail prolétaire en guerre ouverte contre le Capital, et ce Capital lui-même personnifié par la Haute-Banque, c'est-à-dire par ce qu'il y a de plus parasitaire, de plus rapace et de plus absorbant.

Que vit-on alors ?

On vit des Juifs à millions et à milliards venir, tels que les rois mages, vers le socialisme enfant couché dans sa crèche, lui offrir l'encens, la myrrhe et l'or. Comment se fit-il qu'alors Jaurès, nourri de littérature, n'ait pas été mis en garde par Virgile contre certains présents redoutables ? Et, certes, ce ne sont pas seulement ceux qu'apportaient les Grecs !

Les présents des Rois du Capital furent acceptés. Le premier service rendu fut de relever les grands organes d'avant-garde qui périclitaient, de les remettre à flot. Pereire assura la fortune de la *Lan-*

terne (1) ; Rothschild, celle de la *Fronde* ; Cohen,
celle de la *La Petite République* et, plus tard,
Paquin, à la veille d'être décoré, offrait à M. Maurice
Dejean le *Petit Bleu.*

Un jour il manquait 10.000 francs à la verrerie
ouvrière d'Albi pour construire un troisième four.
Jaurès annonce une conférence au bénéfice de la
création ouvrière. Le grand orateur fait, comme
toujours, salle comble ; mais, cette fois, les places
sont payées 60 francs.

Toute la fine fleur de la ploutocratie judaïque
s'est donné là rendez-vous. Après le discours, la
quête. On me chargea de ce dernier et modeste rôle.
Je n'oublierai jamais de quel air méprisant et plein
d'arrière-pensées ces étranges catéchumènes du
socialisme jetaient dans mon escarcelle qui
10 francs, qui 20 francs, qui 100 francs. C'est à ce
moment que je commençai à ouvrir les yeux sur la
faute commise et sur son énormité.

Comment ! C'est la classe archicapitaliste, archi-
parasite, archiexploiteuse qui deviendrait une
alliée sincère de la révolution sociale, dont elle est
le principal point de mire ? Et c'est Jaurès qui
aurait été assez naïf pour se bercer d'une telle
espérance ?

Quoi qu'il en soit, ceci se passe de commentaires :
tous les journaux quotidiens avancés sont passés
entre les mains des hauts barons de la finance ; ce
sont donc *leurs* journaux, ce ne sont plus *les* jour-

---

(1) Pour les détails de l'entrée de Millerand et d'une rédaction
socialiste à la *Lanterne* des Pereire, voir dans la *Libre Parole*
du 25 mai 1901, mon article intitulé : *Socialistes et Juifs.*

naux des travailleurs. Révérence parler, ces feuilles ont maintenant la condition soumise de la courtisane vis-à-vis de ses protecteurs. Affirmer qu'elles sont restées indépendantes, c'est un impudent défi à l'évidence...

*
* *

Ces révélations, auxquelles il nous serait facile d'en ajouter d'autres, nous expliquent l'ardeur avec laquelle Jaurès a combattu pour Dreyfus, dont il trouvait jadis le châtiment insuffisant et pour lequel il avait réclamé les douze balles du peloton d'exécution. Elles nous expliquent en même temps l'entrée de Millerand dans le cabinet Waldeck-Gallifet, formé uniquement en vue de la revision du procès du traître.

Aucun être intelligent et de bonne foi ne peut méconnaître ces évidences. Personne n'admettra que des socialistes comme Millerand et Jaurès se soient constitués sincèrement et sans arrière-pensée les défenseurs d'un capitaine Juif et millionnaire condamné à la simple détention à vie pour crime de haute trahison, alors que ces mêmes socialistes ont laissé fusiller tant de fois sans protestation de pauvres diables de soldats coupables uniquement d'un acte d'indiscipline, d'un geste de révolte ou de menace contre un supérieur, acte ou geste souvent atténué par l'excitation de l'ivresse.

C'est ce que Jules Guesde et les socialistes non enjuivés — ils sont peu nombreux ! — n'ont cessé de répéter.

Et Liebknecht, l'un des chefs les plus autorisés, non seulement du socialisme allemand, mais du socialisme international tout entier — Liebknecht n'a point hésité à faire nettement comprendre aux Millerand, Jaurès et Cie, qu'ils n'était pas dupe de leur comédie de vertueuse indignation.

Parlant de la campagne si justement qualifiée par le colonel Marchand, la « campagne des infâmes », Liebknecht écrivait :

Elle a été célébrée par les « initiés » en des hymnes enthousiastes. Au point de vue Barnum, Mosse et consorts, elle mérite certainement ces louanges. Truc et réclame. Réclame et truc. Jamais on n'en vit de semblables, ni de montés sur un pied aussi gigantesque.

Ils n'avaient qu'un défaut. Jamais truc ne fut plus visible, plus sensible, plus palpable, ni d'un calibre plus lourd. C'était tantôt un concerto de style sévère, tantôt un charivari bien répété, l'un et l'autre conduits par un chef d'orchestre au moindre signe duquel tous les exécutants obéissaient.

Un mouvement de bâton, et à Paris, à Londres, à Berlin, à Vienne, à New-York, partout, ce même motif était chanté, soufflé, sifflé, raclé, piaillé, meuglé. Et l'on s'étonne que la croyance à un « Syndicat » soit née !

Quand, dans tous les pays, cinq cents journaux de partis différents entonnent chaque jour une fois, deux fois et plus, la même mélodie, il n'est vraiment pas possible de croire à un « pur hasard » ou à de mystérieuses « sympathies » des nerfs et des âmes. Le temps des miracles et de la croyance aux miracles est malheureusement passé.

Cependant, pour une fois et par exception, je veux croire au miracle. En tout cas, le mystérieux chef d'orchestre ne mettait pas beaucoup de variété dans l'exécution. Il n'y avait que deux tons et deux gammes : musique de sphères célestes pour les saints et les anges de la « revision », huées infernales de sauvages, insultes de poissardes contre les diables gros et petits qui n'acclamaient pas la « revision » et ne voulaient pas croire au nouveau « Jésus de Nazareth » de l'Ile du Diable.

Après avoir donné longtemps encore libre cours à sa terrible ironie, le patriarche socialiste nous apprenait ce qui se serait produit, si l'« Affaire » s'était passée en Allemagne.

Si l' « Affaire » s'était passée en Allemagne au lieu de se passer dans la France « dégénérée », je l'ai déjà dit : Zola, Labori, etc..., seraient aujourd'hui ou en fuite à l'étranger ou en prison, comme criminels ; les journalistes étrangers qui, de Berlin, auraient propagé la « campagne » à l'étranger, auraient été au bout de trois jours chassés de la capitale et du territoire de l'Empire, et, en cas de résistance, conduits à la frontière avec une bonne « poussée » ; Picquart, pour... — mettons pour diverses choses, — aurait été condamné à dix ans de forteresse, sans perspective de grâce ; le Dreyfus allemand aurait été enseveli vivant, et, en cas de tentative d'évasion, fusillé sans merci.

. C'est de la sorte qu'on en use en Allemagne avec les prisonniers, et je ne dis pas seulement avec les coupables de haute trahison, mais avec d'inoffensifs braillards qui, rendus facétieux par la bière, ont offensé le sentiment de dignité militaire d'une sentinelle et ont été, pour ce méfait horrible, mis en prison. Vraiment, jamais la sentence biblique sur les Pharisien orgueilleux n'a été plus vigoureusement illustrée ; jamais l'hypocrisie nationale et internationale ne s'est exprimée et étalée de plus dégoûtante façon.

Peu de temps après avoir exprimé dans ces termes si nettement méprisants son opinion sur le rôle joué par les socialistes dans l'affaire Dreyfus, Leibknecht mourait.

Jules Guesde, qui refusa d'entrer à la suite

des Jaurès et des Millerand dans la domesticité d'Israël, est aujourd'hui pauvre, sans influence, abandonné de ses amis.

Millerand a été ministre.

Jaurès le sera demain...

Cela prouve que la puissance des Juifs est grande. Mais cela prouve aussi que les socialistes ne sont plus libres...

L'INTERNATIONALE

Les deux Internationales. — Ce que fut l'*Internationale des Travailleurs*. — Rôle prépondérant du Juif Karl Marx. — Le prolétariat dupé. — Alliance de la Juiverie et des Francs-Maçons. — La campagne antimilitariste à la veille de 1870. — Congrès de Genève, Lausanne, Berne, etc. — Le Juif Fribourg et la grève générale en cas de guerre. — Le Juif Hendlé, les Huguenots Clamageran et Buisson. — Buisson et les Allemands à Lausanne. — L'opinion de Jules Ferry. — Jules Simon, Eugène Pelletan, Magnin et Cie contre l'armée. — Des noms qui se retrouvent. — Le F∴ Chassin et le F∴ Macé. — Un Rothschild trésorier de la « Ligue du désarmement ». — L'arrivée des Prussiens. — Juifs partout ! — La reconstitution de l'*Internationale* et l'affaire Dreyfus. — Les nouveaux, plagiaires des anciens. — La citoyenne Virginie Barbet, membre de l'*Internationale des Travailleurs*. — L'œuvre de Jaurès et consorts. — Les Milices. — Une imposture historique. — L'opinion du grand Carnot sur les « Volontaires de 92 ». — Le désarmement et l'Allemagne. — Déclaration des socialistes alle-

mands. — Les révolutionnaires d'autrefois :
Barbès et Blanqui.

Pour expliquer ce qu'est l'*Internationale*,
pour exposer même succinctement le rôle
qu'elle a joué dans le passé et qu'elle continue
de jouer présentement dans le monde, il faudrait un volume.

On a coutume de dire qu'il y a deux *Internationales* : l'*Internationale* des riches, repré-
sentée par les agioteurs cosmopolites, par les
hauts banquiers pour qui l'argent n'a pas plus
d'odeur que de patrie, et l'*Internationale* des
pauvres, incarnée dans une union mondiale des
travailleurs de tous les pays.

Cette distinction est plus apparente que
réelle.

Au fond, les deux *Internationales*, la plupart
du temps, se confondent, elles obéissent aux
mêmes chefs occultes, elles exécutent les
mêmes consignes mystérieuses, et cela, grâce
à la trahison des meneurs du prolétariat, dont
quelques-uns, il est vrai, sont sincères, sincères
jusqu'à se faire tuer pour leurs idées —
exemple : Varlin et quelques autres — mais

dont la plupart trouvent préférable d'imiter l'exemple des Tolain et des Millerand, et de trahir leur cause au bon moment, en échange d'un siège de sénateur ou d'un portefeuille de ministre...

*
* *

L'Association Internationale des Travailleurs qui joua dans les dernières années de l'Empire et sous la Commune un rôle si important, fut fondée sous les auspices de la Juiverie. Son véritable créateur fut le Juif allemand Karl Marx, grand pontife du socialisme passé au rang de demi-dieu après sa mort, et dont MM. Jaurès et Cie ne prononcent jamais le nom sans éprouver une sorte de frisson religieux.

A cette époque (1864), Karl Marx, réfugié à Londres, n'avait, en France tout au moins, qu'une notoriété médiocre. L'influence prépondérante qui pénétrait alors le socialisme était celle du grand écrivain Proudhon, qui devait mourir l'année suivante.

Ce n'en est pas moins Karl Marx, très petit garçon à côté de Proudhon, très petit garçon encore à côté de ces révolutionnaires et conspirateurs fameux qui s'appelaient Blanqui et Mazzini, que fut confiée la rédaction du manifeste inaugural de *l'Internationale*.

Et, dès ce premier document, l'inspiration secrète de la Juiverie se découvre, sans même le secours d'un « pon lorgnette ».

Le Juif Karl Marx, s'adressant aux travailleurs du monde entier leur crie :

« — Prolétaires de tous pays, unissez-vous ! »

Mais il ne leur dit pas : « Unissez-vous pour être plus forts pour la défense de vos intérêts professionnels ; entendez-vous, formez une coalition pour être mieux en mesure de résister à l'égoïsme patronal. » Non, le Juif Karl Marx dit aux ouvriers : « Prolétaires unissez-vous. pour la conquête du pouvoir politique. »

Je cite textuellement le manifeste rédigé par Karl Marx et publié en anglais le 1ᵉʳ novembre 1864, à la suite du meeting de Saint-Martins'Hall (1) :

Pour affranchir les masses travailleuses, la coopération doit atteindre un développement national,

---

(1) Il ne s'agit pas ici du document connu sous le titre de *Manifeste du Parti Communiste*, par Karl Max et Friedrich Engels, mais d'un manifeste postérieur, œuvre également de Karl Marx.

mais les seigneurs de la terre et les seigneurs du capital se serviront toujours de leurs. privilèges politiques pour défendre et perpétuer leurs privilèges économiques.

Aussi la conquête du *pouvoir politique* est-elle devenu le premier devoir de la classe ouvrière. Elle semble l'avoir compris : car, en Angleterre, en Allemagne, en Italie, en France, des efforts ont été faits pour réorganiser *politiquement* le parti des travailleurs.

Il n'est pas une ligne de ce manifeste rédigé par un Juif allemand où l'inspiration directe de la Juiverie cosmopolite ne se trahisse. On la touche du doigt dans ce passage, véritablement émouvant à relire aujourd'hui, dans lequel Karl Marx conseille aux travailleurs de « *se mettre au courant des mystères de la politique internationale, de surveiller la conduite de leurs gouvernements respectifs, de la combattre au besoin par tous les moyens en leur pouvoir...* »

Combattre pour une politique étrangère de cette nature, ajoutait le Juif allemand avec cette ironie vraiment diabolique qui est un apanage de ceux de sa race, c'est prendre part à la lutte générale pour l'affranchissement des travailleurs. *La conquête du pouvoir politique est donc devenue le premier devoir de la classe ouvrière.*

Pour avoir trop bien suivi les bons conseils de Karl Marx, les travailleurs ont vu fusiller 35.000 des leurs en 1871. Voilà ce qu'ils ont obtenu en fait d'affranchissement ; mais, en revanche, la Haute Banque juive est plus puissante que jamais, plus que jamais elle règne sur le monde, et, pour témoigner sa satisfaction à ceux qui la servent en continuant de duper les ouvriers, elle daigne parfois distribuer à ses Millerand et à ses Jaurès des portefeuilles ou des vice-présidences...

Comme on voit de plus en plus que Disraéli — cet autre Juif — avait raison, quand il disait dans *Coningsby*, toujours avec cette ironie mauvaise et féroce du Sémite :

Vous voyez donc, mon cher Coningsby, que le monde est gouverné par des personnages bien différents... *à ce que s'imaginent ceux qui ne sont pas dans les coulisses.*

***

Quelle sorte de politique fit l'*Internationale* ainsi dirigée par Karl Marx — c'est-à-dire par la Juiverie ?

Cette politique se traduisit tout d'abord par une série de grèves qui éclatèrent au Creusot, à Fourchambault, et un peu partout en France.

Puis, les internationaux s'occupèrent de prêcher le désarmement et l'abolition des armées permanentes.

Sur ce terrain, les Juifs, directeurs de l'*Internationale*, trouvèrent des collaborateurs empressés dans leurs éternels alliés les Francs-Maçons. On vit la prétendue *Internationale des Travailleurs* et la bourgeoisie maçonnique fraterniser dans les Congrès de Genève, de Lausanne, de Berne, etc., et prêcher dans les mêmes termes, dans un langage tellement pareil qu'on le croirait dicté, « la guerre à la guerre, la destruction du militarisme infâme », etc., etc.

Cette fraternité n'était pas simplement une fraternité de paroles, elle était bel et bien une fraternité de faits et d'actes.

Les internationalistes réunis à Lausanne, en 1866, décidèrent d'adhérer au Congrès de la Paix — congrès essentiellement bourgeois et maçonnique — qui devait se réunir l'année suivante à Genève dans le but spécial et bien dé-

terminé d'obtenir par tous les moyens l'abolition des armées permanentes.

Ce sont les armées permanentes qui perpétuent les
haines nationales, déclarent à Lausanne les internationalistes ; *ce sont ces estropiés de conscience et
de bras et de jambes, portant des croix d'honneur
sur la poitrine*, qui excitent la haine des peuples
les uns contre les autres. Il faut désarmer les
armées et armer le peuple souverain en organisant
les milices.

A Genève, à Berne, en 1868, et à Lausanne,
de nouveau en 1869, à la veille de la guerre,
ces mêmes outrages contre l'armée, que l'Allemagne aurait payés bien cher, sortent avec
la même violence et la même profusion des
bouches socialistes et des lèvres bourgeoises.
On trouve là le Juif Fribourg, l'un des fonda-
teurs de l'*Internationale*, qui, au vote d'un « en-
gagement de ne participer d'aucune façon à
la guerre » ajoute une proposition conseillant,
en cas de guerre, la grève générale. On y
trouve le Juif Hendlé, futur préfet de la Seine-
Inférieure, mort récemment ; on y trouve Clamageran, le caïman huguenot et dreyfusard
mort lui aussi il y a quelques mois ; on y

trouve une quantité d'individus du même aca-
bit dont certains existent encore et servent
plus que jamais d'agents à la Juiverie et à la
Maçonnerie.

Parmi eux, il convient de ne point oublier
le huguenot Buisson, aujourd'hui député de
Paris et qui a joué dans l'affaire Dreyfus le
rôle que l'on sait.

Au Congrès de Lausanne (été de 1869), ce
Buisson réclama à cor et à cri la suppression du
militarisme.

Il fallait, disait-il, aller dans les villages, y distribuer de petits papiers et de petits livres contre
toutes les livrées (sic), contre le Dieu des armées,
contre les conquérants, et sa conclusion fut qu'on
ne devait point craindre les poursuites, la prison,
et qu'un jour il faudrait refuser de se soumettre (1).

Ce langage rencontra une vive approbation
surtout dans les rangs des délégués allemands.
Un congressiste berlinois voulut même reconnaître le signalé service que Buisson venait
de rendre à la Prusse en demandant que son
discours fût imprimé, tiré à part et répandu à
profusion !

---

(1) *L'Idée de Patrie et l'Humanitarisme*, par Georges Goyau.

Jules Ferry, qui assistait, lui aussi, au Congrès, fut moins enthousiaste. Il trouva que Buisson et les autres allaient un peu vite à la besogne.

« Vous ne ferez pas avec les grandes nations, dit-il, les États-Unis d'Europe : elles vivent trop dans l'ambition militaire et unitaire. »

Cela n'empêcha pas Jules Ferry de retrouver Buisson quelque vingt ans plus tard et de lui confier la réforme de notre enseignement primaire. Ferry, qui avait entendu Buisson à Lausanne, se dit sans doute qu'il lui serait impossible de désigner un homme plus capable d'inculquer aux jeunes Français les saines notions du patriotisme et des devoirs du citoyen envers la nation !

*
* *

Les discussions de ces Congrès, où les faux travailleurs de l'*Internationale* vivaient en si étroite communion d'idées avec les bourgeois des Loges, avaient leur répercussion dans la presse et au Parlement.

L'Opinion Nationale de Guéroult, *l'Avenir*

National, de Peyrat, le *Temps*, de Nefftzer, fulminaient contre l'« hydre militariste ».

Jules Simon invoquait l'exemple de l'Angleterre pour demander qu'on donnât aux petits Français une instruction militaire qui remplacerait avantageusement la caserne. Le même J. Simon s'écriait, au Corps législatif :

> Quand je dis que l'armée que nous voulons faire serait une armée de citoyens et qu'elle n'aurait à aucun degré l'esprit militaire, ce n'est pas une concession que je fais, c'est une déclaration, et une déclaration dont je suis heureux, car c'est pour qu'il n'y ait pas en France d'esprit militaire que nous voulons avoir une armée de citoyens qui soit invincible chez elle et hors d'état de porter la guerre au dehors... S'il n'y a pas d'armée sans esprit militaire, je demande que nous ayons une armée qui n'en soit pas une...

Le huguenot Eugène Pelletan, père de Camille, approuvait ces insanités et criait de toute la force de ses poumons :

— Pas d'armée prétorienne !

Au Corps législatif, également, M. Magnin, récompensé plus tard par un siège au Sénat et par le poste éminemment honorifique et bien rétribué de gouverneur de la Banque de

France, — M. Magnin déclarait, le 21 décembre 1867 :

Les armées permanentes sont jugées et condamnées. Il n'y a que l'armement général du pays, alors que nous serions menacés par l'étranger, qui pourrait le rejeter hors de nos frontières.

Et Gambetta lui-même, le futur dictateur de la « guerre à outrance », lorsqu'il posait sa candidature à Paris contre Hippolyte Carnot, laissait inscrire dans son cahier électoral « la suppression des armées permanentes, cause de ruine pour les finances et les affaires de la nation, source de haine entre les peuples et de défiance à l'intérieur ».

La Franc-Maçonnerie faisait chorus en multipliant à profusion les brochures et opuscules en faveur du désarmement, de la paix universelle et de la fraternité des peuples. La *Démocratie*, organe hebdomadaire du F∴ Chassin, faisait circuler une pétition en faveur de l'abolition des armées permanentes, et parmi les signatures, se trouvaient, à côté de noms de trépassés plus ou moins tristement connus,

ceux de survivants qui ne le sont pas moins :
le sénateur Cazot, de l'« Alais au Rhône »,
Naquet, du Divorce et du Panama, Antonin
Proust, du Panama, le vieux professeur dreyfusard Grimaux, l'Yves Guyot de von Reinach,
et, enfin,... M. Anatole France !

C'est le cas de dire comme dans je ne sais
plus quel mélodrame :

— Déjà !

Le F .˙. Jean Macé, fondateur de la *Ligue de
l'Enseignement*, s'en allait en pèlerinage dans
les Loges d'Italie et d'Allemagne, prêchant la
haine de la guerre, prophétisant la réconcilia-
tion des peuples, la prochaine constitution des
Etats-Unis d'Europe, et les F .˙. prussiens se
moquaient tant qu'ils pouvaient de ce vieil
imbécile.

L'Internationale des Travailleurs ne per-
dait pas non plus son temps. Sa commission pa-
risienne faisait appel à la solidarité des cama-
rades ouvriers de Berlin, leur rappelant que
« la guerre entre peuples ne peut être consi-
dérée que comme une guerre civile, un recul
de la civilisation ».

La Ligue internationale du Désarmement
lançait un manifeste dont les signataires déclaraient :

Réprouver énergiquement le système actuel d'armement qui, faisant de la guerre un métier, rend la
guerre inévitable;
Protester contre les armées permanentes et
réclamer, comme moyen transitoire, l'organisation
des milices nationales, moyen le plus efficace de
détruire à tout jamais la prépondérance de la force
brutale sur la puissance intellectuelle et morale des
peuples.

Ce manifeste de la *Ligue internationale du
Désarmement* avait pour but de provoquer une
vaste souscription dont le minimum était fixé
à 10 centimes.

Parmi les membres de la *Commission d'initiative* qui l'avaient signé, l'Allemagne comptait deux représentants, *tous les deux résidant
à Paris* : M. Schilg, avocat, 4, rue Saint-Quentin, et M. Hugo Rothschild, négociant, 54, rue
Lafayette.

Après les signatures des divers membres,
figurait cete petite phrase, éminemment suggestive, comme on dirait aujourd'hui :

Les souscriptions ainsi que les listes d'adhé-

sions, sont provisoirement reçues, 54, rue Lafayette, chez M. HUGO ROTHSCHILD.

Ainsi, à la tête de la prétendue *Internationale des Travailleurs* se trouvait un Juif allemand, Karl Marx, habitant Londres.

A la caisse de cette même *Internationale*, chargé de recevoir les adhésions et les souscriptions en faveur du désarmement, se trouvait un autre Juif allemand, Hugo Rothschild, résidant à Paris.

C'était complet !

Les Prussiens n'avaient plus qu'à venir chez nous. Ils arrivèrent, en effet. Paris vit les chevaux des uhlans fouler ses Champs-Elysées.

Derrière ces centaures tout bardés de fer et étincelants d'acier, s'avançaient, enfourchés sur leurs chevaux comme des pincettes, des personnages bizarres vêtus de longues houppelandes brunes et ouatées. Mines allongées, lunettes d'or, cheveux longs, barbes rousses et sales, vermiculées en tire-bouchons, chapeaux à larges bords, c'était autant de banquiers israélites, autant d'Isaac Laquedem suivant l'armée allemande comme les vautours.

A cet accoutrement, il n'était pas difficile de reconnaître leurs professions. C'étaient, évidemment, les comptables ou financiers juifs chargés de l'encaissement de nos milliards. Après l'état-major militaire, c'était l'état-major du Ghetto (1)...

Un Rothschild allemand avait été, à la veille de la guerre, le trésorier de la *Ligue du Désarmement.*

Ce fut un autre Rothschild allemand — celui de la rue Laffitte — qui traita, après la guerre, de notre rançon avec Bleichrœder, troisième Juif allemand, mais qui avait dû, celui-ci, rester en Prusse, pour y servir d'agent et de confident à Bismarck.

La France, qui avait cru aux déclarations des « désarmeurs » et des ligueurs de la Paix, expiait sa crédulité par la perte de deux provinces, sans parler de cinq milliards à payer.

Les ouvriers, de leur côté, qui avaient cédé aux excitations des Juifs de l'*Internationale,* laissaient sur le pavé des rues de Paris, au mur éclaboussé du Père-Lachaise, dans la plaine sanglante de Satory, trente-cinq mille cadavres des leurs, sans compter toutes les pauvres dupes qu'on embarquait pour la Nouvelle.

Tel fut le bilan de l'*Internationale des Tra-*

---

(1) M. René de Lagrange, article du *Figaro* du 28 février 1883, cité dans la *France Juive.*

vailleurs, fondée par des Juifs, dirigée par des Juifs avec le concours de la Franc-Maçonnerie...

***

Et c'est cette opération que l'on voudrait recommencer aujourd'hui !

Car on veut la recommencer, et la nouvelle œuvre de trahison, calquée sur l'ancienne, est même déjà en bon chemin.

L'*Internationale* n'avait guère survécu à la guerre et à la Commune. Elle était en sommeil et ne faisait plus parler d'elle.

Eh bien, l'*Internationale* a été reconstituée *officiellement*, au moment précis où les chefs socialistes, trahissant leur cause, ont signé le pacte avec la Juiverie cosmopolite pour la campagne infâme dirigée bien moins encore contre le traître juif et millionnaire Dreyfus que contre la France et son armée. La chose s'est passée au Congrès socialiste international de la salle Wagram, le 25 septembre 1900, à la séance du matin. La motion de reconstitution officielle fut déposée par un délégué hollandais nommé Van Koll et votée par acclamation aux cris de : Vive l'*Internationale des Travailleurs !*

Il fut, en outre, décidé, à cette même séance, que l'*Internationale* reconstituée aurait son secrétariat à la Maison du Peuple de Bruxelles. Or, coïncidence digne de remarque, tout le monde sait que Bruxelles est le grand centre de l'espionnage allemand.

Ce qu'il y a de certain, c'est que comme l'ancienne, la nouvelle *Internationale* est née de l'inspiration juive, qu'elle est dirigée par les Juifs, qu'elle est l'agent d'exécution des plans de la Juiverie universelle.

Ces plans sont aujourd'hui les mêmes que dans les dernières années de l'Empire ; ils consistent à jeter le discrédit sur l'armée qui protège la France contre une nouvelle invasion et un nouveau démembrement, à réclamer la suppression de cette armée et son remplacement par des milices, à provoquer d'innombrables grèves pour achever de ruiner notre industrie et notre commerce, à préparer enfin par tous les moyens une révolution pour les pêcheurs en eau trouble.

Les nouveaux Internationaux n'ont rien

inventé ; ils ont plagié servilement, non seulement les procédés, mais les phrases, les mots mêmes de leurs prédécesseurs.

« Vendéens » « Chouans », « Jésuites », « Terreur blanche », toutes ces déclamations qui n'ont d'autre but que de faire suspecter l'armée et que de la diviser, de la couper en deux, nous les retrouvons dans les discours, dans les manifestes, dans les proclamations des Internationaux d'avant la guerre et d'avant la Commune.

Lisez plutôt :

Le moment est decisif, il y va du salut de la France, et avec elle du salut de la liberté dans le monde entier. Pour cette liberté, Paris lutte avec l'héroïsme ressuscité de nos frères de 92 ; mais si Paris est abandonné par vous, il succombera peut-être sous la coalition bâtarde des *Jésuites* et des *Vendéens* de tous les régimes monarchiques qui ont désolé la France et l'ont amenée à un état permanent de guerres extérieures et civiles. (*Comité révolutionnaire des provinces. — Appel aux républicains dévoués. — 1871.*)

Les « Chouans » sont dénoncés dans d'innombrables pièces de ce style.

Écoutez cet appel du « comité central répu-

blicain socialiste de la France méridionale »
aux habitants de Lyon :

> Deux partis sont en présence aujourd'hui :
> L'un est composé des successeurs et des héritiers
> de ces vampires qui depuis des siècles sucent le
> sang et les trésors de la France, royalistes, impé-
> rialistes, faux républicains, jésuites, monopoleurs,
> exploiteurs ; voilà ceux qui à l'aide de déclarations
> hypocrites et de manœuvres de toute espèce
> essayent de vous tromper.
> C'est le gouvernement de Versailles qui combat
> pour eux avec une armée de *gendarmes, de ser-
> gents de ville, de Vendéens et de sacristains...*
> (¹ mai 1871.)

V̄us retrouvez là, trente ans avant, la fameuse formule tant exploitée par la presse
socialiste enjuivée : *Sabre et goupillon !*

De vulgaires plagiaires, vous dis-je.

Vous croyez que le défroqué Charbonel qui
lance des bandes d'Apaches sur les églises, a,
lui du moins, inventé quelque chose.

Pas le moins du monde. Ce défroqué n'est
comme les autres, qu'un pâle imitateur. En
1870 et 71, les orateurs de l'*Internationale* déclaraient dans tous les meetings que « pour se
débarrasser des calotins, le remède le plus

efficace consiste à s'emparer de *leurs écuries*
(les églises), et à en faire des écoles pour nos
enfants (1). »

Vous avez vu au procès de Rennes caracoler
autour des « Intellectuels » ces amazones de la
trahison, actrices tombées dans la galanterie,
bas-bleus en quête d'aventures, qui, elles aussi,
fulminaient tant qu'elles pouvaient contre les
« faussaires de l'Etat-Major » et les « Jésuites
galonnés ».

Ces prétendues émancipatrices qui n'ont
réussi jusqu'à présent qu'à s'émanciper elles-
mêmes, n'ont, elles non plus, rien inventé. Leurs
sœurs aînées allaient même encore plus loin
qu'elles, ainsi qu'en témoigne le « *Manifeste des
femmes lyonnaises adhérentes à l'Internationale*, pour engager les jeunes gens de 1870 à
refuser le service militaire, adopté par une réunion privée tenue salle Valentino, à la Croix-
Rousse, le 16 janvier 1870, et communiqué à
toutes les sections et comités de l'*Internationale* ».

C'est par *un acte révolutionnaire*, celui du

---

(1) Réunion au Creusot, 26 novembre 1871.

refus de la conscription, qu'il faut protester, et non par d'inutiles déclamations, lisait-on dans ce document...

Jeunes citoyens de la classe de 1870, vous faites partie de la génération nouvelle, par conséquent vous êtes appelés à bénéficier les premiers des réformes issues de la révolution sociale ; c'est donc à vous que revient l'honneur et le devoir d'ouvrir la lutte. Une occasion se présente à vous de donner un exemple de dignité humaine, ne la laissez pas passer. Dans quelques jours, l'Empire vous appellera pour vous enrôler sous les drapeaux frangeux (*sic*), ne lui répondez pas, ou plutôt répondez-lui ceci : « Nous sommes les soldats de la France, nous ne sommes pas les vôtres, car entre la France d'aujourd'hui et vous, il n'y a rien de commun... »

Faites cela, citoyens, le monde entier vous applaudira et vous aurez bien mérité de la révolution. Que craignez-vous ? La prison ? Nous, vos mères, vos sœurs, vos amies, nous veillerons sur vous, nous combattrons avec vous. Aussitôt que nous aurons appris qu'un ou plusieurs d'entre vous ont été arrêtés, nous irons en foule vous réclamer à l'autorité compétente, et il faudra bien qu'on nous rende justice.

Ce manifeste était signé :

Pour les citoyennes présentes à la réunion et par ordre:

Virginie Barbet,
Membre de l'*Association internationale des Travailleurs*.

Ces déclarations ineptes, ces criminelles excitations, qui ont l'air d'un appel, d'une invite à l'envahisseur, nous les retrouvons aujourd'hui dans les *Manuels du Soldat* distribués dans les casernes, grâce à la tolérance, pour ne pas dire à la complicité du gouvernement; nous les retrouvons en des feuilles telles que le *Conscrit* ou le *Pioupiou de l'Yonne*, où des professeurs de l'Université, des professeurs d'histoire comme le citoyen Gustave Hervé, écrivent qu'il faut enfouir le drapeau de la France sous le fumier des casernes.

** **

Plus prudent et plus hypocrite, — car il craindrait que ces violences n'éloignassent de lui pour quelque temps encore le portefeuille de ses rêves, — M. Jaurès se contente d'attaquer sournoisement l'alliance franco-russe en des lettres à ses amis les socialistes italiens, ou bien encore d'affirmer que la question d'Alsace-Lorraine a fait son temps, et qu'il faut non seulement n'en parler jamais, comme disait Gambetta, mais encore n'y plus penser (1).

Au fond, la bande Jaurès accomplit la même besogne que les auteurs du *Manuel du Soldat* et les rédacteurs du *Pioupiou de l'Yonne*, quand elle réclame la suppression de l'armée et son remplacement par des milices nationales, comme en Suisse. La bande Jaurès travaille à un nouveau démembrement de la France, quand elle raconte au peuple que les armées professionnelles sont inutiles et qu'il suffit d'une garde nationale, d'une cohue de citoyens, armés en hâte et à la diable et non exercés, pour défendre le sol national et repousser l'invasion.

Cela est un mensonge.

La fameuse légende des Volontaires de 1792 est la plus infâme et la plus criminelle imposture historique que les faussaires de l'Histoire aient jamais inventée pour le plus grand profit de l'Etranger et de ses agents.

---

(1) Tout récemment encore, le 26 octobre, au cours du meeting organisé par le Comité *Pro Armenia*, au théâtre Sarah-Bernhardt, M. Jaurès attaquait l'alliance russe et faisait l'éloge de la nouvelle " Triplice " franco-italo-anglaise

Voulez-vous que je vous donne sur ces « Volontaires » prétendus héroïques l'opinion d'un homme que personne ne suspectera de tiédeur révolutionnaire ?

Il s'agit de Lazare Carnot, — oui, du grand Carnot, du Père-la-Victoire en personne !

Le 29 avril 1793, Lazare Carnot et Duquesnoy, représentants du peuple, députés aux armées du Nord, écrivent à la Convention :

Les volontaires ne veulent s'assujettir à aucune discipline ; ils sont le fléau de leurs hôtes et désolent nos campagnes. Dispersés dans des cantonnements où ils ne font que *boire et courir*, ils s'exposent à être dispersés et taillés en pièces, pour peu que l'ennemi fût entreprenant. Heureusement que nous sommes sévères sur l'interdiction des communications, car l'ennemi aurait déjà pu surprendre nos postes avancés et nos places elles-mêmes...

Nous ne savons ce que fait le bureau de la guerre ; nos volontaires sont toujours nus. Il faut convenir que c'est un gouffre ; *à peine un soldat a-t-il des souliers, qu'il va les vendre ; il en est qui vendent jusqu'à leurs habits, leurs fusils, brûlent leur poudre, et insultent leurs concitoyens.*

Pour mettre fin à ces brigandages, Carnot et Duquesnoy, réclament des mesures de rigueur exceptionnelles :

Votre nouveau code pénal militaire ne suffit pas : si *tout* soldat qui vole une épingle n'est pas fusillé sur-le-champ, vous ne ferez jamais rien... Quant à nous, citoyens nos collègues, il nous est impossible de soutenir le spectacle de semblables désordres, et nous vous prions de nous faire rappeler au sein de la Convention le plus tôt possible.

Les deux représentants restent cependant à l'armée. Le 3 juin, ils s'adressent au Comité de salut public et lui font part de leurs inquiétudes :

Nous croyons devoir vous consulter sur un point capital. Nous pouvons plus que probablement emporter Ostende de vive force ; le feronsnous, oui ou non ?

Avec des troupes sages, il n'y aurait point à hésiter, mais voici ce que nous avons à craindre des nôtres : c'est qu'elles vont, aussitôt que l'assaut sera donné, se répandre dans les maisons, piller et s'enivrer, *au point que, deux heures après, on les égorgera comme des veaux à tous les coins de rue.*

Dans cette même lettre, Lazare Carnot et Duquesnoy demandent ce qu'ils doivent faire de l'immense quantité de *voleurs et de receleurs* qui ont été mis en état d'arrestation.

« Il serait sans doute très à propos de faire des exemples, disent-ils, *mais il y a tant de coupables qu'on est très embarrassé.* »

Les voilà, non pas tels qu'une légende audacieusement menteuse les dépeint, mais tels qu'ils furent dans la réalité, ces « héroïques volontaires». Braves parfois, sans doute, quand de vieilles troupes les encadraient et les entraînaient, mais bien plus souvent lâches, prêts à la débandade, prompts à la panique, et par-dessus tout indisciplinés, pillards, débauchés, ivrognes jusqu'à vendre leurs souliers et leurs fusils pour boire davantage.

Et ce n'est pas seulement là l'opinion de Lazare Carnot. Tous les généraux de la Révolution, Dumouriez, Kellermann, Biron, Custine, Wimpfen, Beurnonville, parlent des « Volontaires » dans les mêmes termes, et il en est de même des représentants du peuple en mission aux armées : Billaud-Varennes, Carnot-le-Jeune, Camus, Treillhard, Gossuin, Merlin-de-Douai, Dubois-Crancé, etc., etc. La Convention tout entière finit par partager cette opinion, — puisque le 21 février 1793, elle vota l'*amalgame*, — c'est-à-dire la fusion des « Volontaires » avec les troupes de ligne, les vieilles troupes.

Les hommes qui invoquent l'exemple des « Volontaires » de la Révolution pour faire accepter l'idée des milices nationales ne sont donc, on le voit, que des ignorants ou des imposteurs.

*
* *

Et pourquoi, lorsqu'on parle de désarmement, veut-on que ce soit la France qui désarme la première?

Les hommes de la nouvelle *Internationale* se montrent, et pour cause, très sobres d'explications sur ce point.

Ils se bornent à de vagues protestations où il est question de la solidarité des prolétaires de tous les pays. C'est très joli, en paroles, la solidarité. En 1870, les anciens Internationaux affirmaient déjà que les ouvriers allemands ne feraient pas la guerre à la France. Or, ce sont des Allemands de toutes les classes sans exception qui ont bombardé Paris et incendié Bazeilles.

Que feraient demain les socialistes d'Outre-

Rhin, si une nouvelle guerre venait à éclater
entre l'Allemagne et la France?

Voici la réponse, que M. Jaurès se gardera
bien, — j'en fais le pari — de reproduire dans
la *Petite République* :

L'annexion de l'Alsace-Lorraine est un fait accom-
pli, et ici, dans cette enceinte, nous avons, de
notre côté, déclaré de la façon la plus catégo-
rique, que nous reconnaissons comme de droit
l'état actuel des choses. (AUER. Séance du Reichstag
du 9 février 1891.)

Personne, aussi enthousiaste qu'il soit pour des
idées internationalistes, ne dira que nous n'avons
pas de devoirs nationaux... (LIEBKNECHT, Congrès
de Halle, 15 octobre 1890.)

Si la Triple-Alliance a pu être conclue... elle l'a
été, parce que les intérêts de trois puissances, en
face de l'entente franco-russe, sont nécessairement
solidaires (1), en dehors des rapports mutuels des
différents peuples de ces pays.

Je suis convaincu qu'aucun homme d'État, ni
en Autriche, ni en Italie, ni en Allemagne, ne

---

(1) Ceci est un pur mensonge, puisque la Triple-Alliance es₁
bien antérieure à l'alliance franco-russe. Ce mensonge de Bebel,
M. Jaurès l'a fait sien tout récemment, quand il a déclaré que la
Triplice était le contrepoids nécessaire de l'alliance franco-russe.
C'est justement le contraire qui est vrai.

voudra, tant que cette situation durera, se détacher de cette alliance, car il exposerait, par cela même, son pays à un grand danger, dans le cas où les deux autres puissances alliées seraient vaincues dans une guerre. (Bebel. Séance du Reichstag du 25 juin 1890.)

Nous avons déclaré déjà bien souvent et, pour moi, je renouvelle cette déclaration, que nous sommes prêts à remplir envers la patrie exactement les mêmes devoirs que tous les autres citoyens... Je sais qu'il n'y a personne parmi nous qui pense différemment à ce sujet. (Auer. Séance du Reichstag du 8 octobre 1890.)

Il a été dit... que le Reichstag allemand ne travaille pas avec autant d'ardeur à la défense de la patrie que le Parlement français.

Eh bien, moi je déclare que quand il s'agit de la défense de la patrie, tous les partis sont unis; que s'il s'agit de se défendre contre un ennemi étranger, aucun parti ne restera en arrière. (Liebknecht. Séance du Reichstag du 16 mai 1891.)

L'attaque contre la Russie officielle, cruelle, barbare, voire l'anéantissement de cette ennemie de la civilisation, est donc notre devoir le plus sacré, que nous devons remplir jusqu'à notre dernier soupir dans l'intérêt même du peuple russe, opprimé et gémissant sous le knout. Et si alors nous combattons dans les rangs à côté de ceux qui actuellement sont nos adversaires, nous ne le faisons pas pour les sauver eux et leurs institutions politiques et économiques, mais pour l'Allemagne en général, c'est-à-dire pour nous sauver nous-mêmes et pour délivrer des barbares un pays où nous pensons un jour réaliser notre propre idéal social. (BEBEL. *Vorwaerts*, du 27 septembre 1891.)

Si jamais quelque part à l'étranger l'espoir existe qu'en cas d'une attaque contre l'Allemagne on pourrait compter sur notre abstention, cet espoir se verrait complètement déçu. Dès que notre pays sera attaqué, il n'y aura plus qu'un parti, et, nous autres, démocrates-socialistes, nous ne serions certes pas les derniers à remplir notre devoir. (VOLLMAR, dans la *Die Münchener Post*.)

Voilà ce que pensent les socialistes allemands de toutes nuances sur la question d'Alsace-Lorraine, sur la Triple-Alliance, sur l'alliance franco-russe, sur le devoir patriotique en général. Ils ont raison de penser ainsi puisqu'ils sont Allemands ; mais, ce qui est tout à fait inexplicable et incompréhensible, c'est que nos socialistes français pensent sur ces mêmes questions exactement comme eux, c'est-à-dire comme s'ils étaient Prussiens, et non Français.

Les socialistes allemands nous préviennent très loyalement.

« N'ayez pas d'illusions, nous disent-ils ; le jour où la guerre serait déclarée, nous serons les premiers à courir à la frontière, et nous n'hésiterons pas plus à passer le Rhin et à franchir les Vosges que nous n'avons hésité en 1870... »

Là-dessus, il semblerait que les socialistes français dussent répondre :

« — Puisqu'il en est ainsi, nous aussi nous ferons notre devoir de Français et de soldats...

Pas du tout, les socialistes français battent des mains et s'écrient :

« Bravo! A bas l'armée! A bas la patrie! Vive le désarmement! Plus de frontières! Tous les peuples sont frères... »

Avouez que c'est tout de même bizarre!

*
* *

M. Jaurès et ses amis ne sont pourtant pas inintelligents au point de ne pas comprendre qu'il nous est impossible, dans l'état actuel de l'Europe et du monde, de forcer les puissances rivales et notamment l'Allemagne à désarmer en même temps que nous.

M. Jaurès a dit lui-même :

Il est certain que l'humanité ne progresse pas
d'un mouvement uniforme; tous les peuples, toutes
les races, n'arrivent pas à la fois à ce développement économique qui permet l'institution socialiste.
Et ainsi, lorsqu'un peuple réalisera chez lui l'idée
socialiste, il sera forcément en contact avec des
peuples qui ne l'auront pas réalisée... (1).

Qu'arrivera-t-il donc si nous commettons
l'imprudence de réaliser les premiers, nous
autres Français, l'idée du désarmement?

Il arrivera cette chose très simple que la
France désarmée se trouvera en contact avec
une Allemagne armée jusqu'aux dents. L'Allemagne fera alors de nous ce qu'elle voudra ;
elle ajoutera les provinces qu'il lui plaira de
prendre à celles qu'elle nous a déjà volées, et
bientôt la France tout entière, cette terre de
joie et de liberté, notre terre à nous, ne sera
plus qu'une colonie allemande. Il arrivera aux
Français ce qui est arrivé aux Polonais dont
les enfants, aujourd'hui encore, plus d'un siècle
après l'annexion, reçoivent la schlague quand
ils osent s'exprimer dans leur langue mater-
nelle.

---

(1) Discours de M. Jaurès à la Chambre des députés. Séance des
19, 26 juin et 3 juillet 1897.

Eh bien, si c'est là l'idéal de l'Internationale socialiste et juive, ce n'est pas le nôtre. Nous voulons, nous autres Antisémites, vivre libres et heureux sur la terre de nos pères, qui est la plus belle et la plus douce qui soit au monde. Nous pensons sur ce point comme pensaient les grands socialistes d'autrefois, au temps où il était encore permis de se dire en même temps socialiste et Français.

Nous pensons comme Barbès, le « Bayard de la Démocratie», qui écrivait, vers la fin du second Empire (24 janvier 1867), à George Sand :

Je suis chauvin. Que nous ayons la paix universelle, soit. Pas besoin alors d'Achille. Mais tant qu'il y aura des Anglais trafiquant de toutes les haines contre ce qui n'est pas leur commerce, et des Prussiens rêvant de conquêtes, je ne comprends pas pourquoi la France égalitaire voudrait se mutiler de son énergie guerrière.

Nous pensons comme le vieux Blanqui, qui, dans Paris assiégé par les Prussiens, poussait ce beau cri de haine patriotique :

La gloire de Paris est sa condamnation... Sa lumière, ils veulent l'éteindre ; ses idées, les refouler dans le néant. Ce sont les hordes du vᵉ siècle, débordées une seconde fois sur la Gaule, pour engloutir la civilisation moderne. comme elles ont dévoré la civilisation gréco-romaine, son aïeule.

N'entendez-vous pas leur hurlement sauvage, « Périsse la race latine! » C'est Berlin qui doit être la ville sainte de l'avenir, le rayonnement qui éclaire le monde. Paris, c'est Babylone usurpatrice et corrompue, la grande prostituée que l'envoyé de Dieu, l'ange exterminateur, la Bible à la main, va balayer de la face de la terre.

Ignorez-vous que le Seigneur a marqué la race germaine du sceau de la prédestination? Elle a un mètre de tripes de plus que la nôtre !

Défendons-nous. C'est la férocité d'Odin, doublée de la férocité de Moloch, qui marche contre nos cités, la barbarie du Vandale *et la barbarie du Sémite.* Défendons-nous et ne comptons sur personne.

« — Vieille chanson, dira M. Jaurès... »

C'est possible, mais c'est toujours la nôtre.

Car sa chanson nouvelle, son *Internationale,* ce sont les Juifs qui en accordent les violons, et c'est nous qui les payons.

Nous ne voulons pas de cette musique-là...

Imprimerie de la Librairie antisémite
PARIS -:- 45, Rue Vivienne, 45 -:- PARIS

La Libre Parole

Imprimerie spéciale de la Librairie antisémite.

9 782019 982393